니콜라 테슬라,
전기에 날개를 달다

니콜라 테슬라,
전기에 날개를 달다

함지슬 글 · 박현주 그림 · 고준태 감수

차례

1장 니콜라 테슬라는 과학자 … 6
나랑 같은 모둠 할 사람? … 8
테슬라는 자동차? 과학자? … 12
대단한 전기, 대단한 테슬라 … 19

2장 티격태격 테슬라와 에디슨 … 28
못 말리는 테슬라, 못 말리는 태호 … 30
미꾸라지 우진이 … 37
아슬아슬 태호와 우진이 … 41
테슬라와 에디슨의 만남 … 46
빠지직 불꽃 튀는 전쟁 … 50

3장 그래도 우리는 절친 ··· 58
우정 회로의 전선을 끊어 ··· 60
위기일 때 돕는 게 친구 ··· 65
테슬라는 전기의 마법사 ··· 74
테슬라의 꿈 ··· 79

4장 테슬라, 전기의 시대를 열다 ··· 84
두근두근 발표 날 ··· 86
꿈이 이루어지는 세상 ··· 94

똑똑 공부 전기와 전자 ··· 102

나랑 같은 모둠 할 사람?

태호는 과학 시간이 가장 좋아요. 과학실에서 나는 소독약 냄새도 좋고, 가지런히 놓여 있는 삼각 플라스크들도 보기 좋아요. 교실 구석에 서 있는 해골도 무섭지 않아요. 과학실에서 실험을 할 때마다 어떤 결과가 나올지 두근두근 기대되었어요. 플라스크에 액체를 섞어 색깔이 변하는 실험도 신기하고, 전선을 연결해서 전구에 불이 들어오는 실험도 재미있어요. 태호는 종일 과학 시간만 있으면 좋겠다고 생각했어요.

그런데 오늘은 실험이 없었어요. 선생님은 깜짝 발표 수업을 하겠다고 하더니, 칠판에 과학자의 이름을 줄줄이 적었어요.

"여러분들이 스스로 모둠을 짜서 과학자에 대해 조사하고 발표하는 거예요. 모둠은 세 명씩, 하고 싶은 친구와 팀을 짜 보세요."

아이들이 웅성대기 시작했어요. 서로 누구랑 모둠을 할 건지 이야기하느라 순식간에 교실이 시끄러워졌지요. 태호는 누구랑 할까 둘러보았지만, 아무도 태호에게 말을 걸지 않았어요.

태호는 우진이를 쳐다보았어요. 우진이는 태호랑 어린이집, 유치원을 같이 다닌 오랜 친구예요. 태호와 우진이의 눈이 마주쳤어요. 그런데 갑자기 은수랑 하담이, 민준이가 우진이 자리로 우르르 몰려갔어요.

'어떡하지?'

태호가 엉거주춤 일어나자 의자에서 끼익 소리가 났어요. 그 소리를 듣고 우진이가 태호를 다시 쳐다보았어요. 태호는 다시 의자에 털썩 주저앉았어요. 모두들 셋씩 모둠을 만들고, 우진이네만 네 명, 그리고 태호는 혼자 남게 되었어요.

선생님이 우진이네 모둠을 보고 말했어요.

"거기는 네 명이네. 한 명이 태호랑 하면 되겠다. 누가 할래?"

은수랑 하담이, 민준이는 서로 눈치만 보고 대답을 하지

않았어요. 태호는 아무 말도 못하고 책상만 쳐다보았어요. 그때 우진이가 시원스레 말했어요.

"저요! 태호랑 아기 때부터 친구거든요."

"아기 때부터?"

"네, 태호네 엄마랑 우리 엄마랑 산후조리원 동기거든요!"

아이들이 와하하 웃었어요. 선생님은 우진이 주위에 친구가 많은 걸 보고는 이렇게 말했어요.

"좋아. 그 정도로 오랜 친구면 쿵짝이 잘 맞겠네. 잘해 봐. 그럼 이제 과학자를 결정할 거예요. 먼저 과학자들을 소개할게요."

선생님은 과학자들을 소개하는 영상을 틀어 주었어요. 태호는 영상이 눈에 들어오지 않았어요. 그저 우진이만 쳐다보았어요. 우진이가 먼저 짝을 하겠다고 이야기하다니, 태호에게 우진이는 진짜 최고의 친구예요.

사실 태호가 우진이랑 아기 때부터 친구이긴 하지만, 우진이는 태호 말고도 친구가 많아요. 또 우진이는 떨지 않고 발표도 잘해요. 우진이와 팀을 하면 발표도 걱정 없을 거예요. 태호는 마음이 든든해졌어요.

테슬라는 자동차? 과학자?

영상이 끝나고 아이들은 과학자를 정하느라 또 시끄럽게 떠들었어요. 소란스러운 가운데에서도 '에디슨'을 일컫는 소리가 유난히 많이 들렸어요.

우진이가 태호 옆으로 와서 말했어요.

"다들 에디슨 하려고 하는 것 같아. 우리가 먼저 하자."

하지만 태호는 아까부터 칠판에 적혀 있는 과학자 이름 중 '테슬라'라는 이름만 빤히 보고 있었어요. 우진이가 태호의 어깨를 건들며 다시 말했어요.

"에디슨이 유명하잖아. 그러니 자료도 쉽게 찾을 수 있을 거야."

하지만 태호는 우진이 말은 들리지도 않는 듯 환하게 웃으며 말했어요.

"우리 테슬라 하자."

태호 머릿속에는 번쩍번쩍 광이 나는 자동차 한 대가 달리고 있었어요. 태호는 어렸을 때부터 자동차를 좋아했거든요. 자동차의 한 부분만 보고서도 어느 회사의 어떤 자동차인지 척척 알아맞힐 정도예요.

태호는 테슬라가 전기로 달리는 자동차의 이름이라는 정도는 알고 있었어요. 자동차를 실제로 본 적은 없어요. 하지만 영상으로 접했을 때 생김새도 시원시원하고 멋있어 보였어요. 무엇보다 커다란 차가 전기 충전소에서 충전을 하고 도로를 씽씽 달린다는 것이 신기했어요. 마치 장난감처럼요. 태호는 순간, 테슬라가 전기 자동차를 발명한 사람일 것이라고 생각했어요.

태호가 홀린 듯 손을 들고 말했어요.

"선생님, 저희 테슬라 할게요."

우진이가 태호 손을 끌어 내렸어요.

"아니에요. 아직 안 정했어요. 저희 지금 에디슨 하자고 얘기하는 중인데……."

그러자 옆에서 다른 아이들이 소리쳤어요.

"야, 우리도 에디슨 하려고 했단 말이야."

그러자 선생님이 인기가 많은 과학자는 각 모둠에서 한 명씩 나와 가위바위보를 해서 정하자고 했어요. 우진이가 앞으로 나가서 몇 번이나 가위바위보를 했지만, 결국은 모두 지고 말았어요. 에디슨을 하게 된 아이들이 신나 하며 들어갔어요. 우진이와 모둠을 하려고 했던 민준이가 우진이를 놀리듯 말했어요.
"그러니까 우리랑 같은 모둠 하면 좋았잖아!"
"그럴 걸 그랬나? 하하."
 태호는 우진이 말을 듣자 시무룩해졌어요. 우진이는 다른

모둠에서 에디슨을 하고 싶어 하는 것 같았거든요. 괜히 테슬라를 하자고 그랬나 후회도 되었어요. 그 사이에 남은 과학자는 테슬라뿐이었어요.

"결국 태호 너 하고 싶은 것만 남았네."

태호는 미안해졌어요. 아까는 테슬라만 하고 싶었는데, 이제는 테슬라를 하게 되어서 어쩌나 걱정까지 들었어요. 우진이가 태호를 보고 시무룩하게 말했어요.

"넌 과학 좋아하잖아. 네가 좋아하는 거니까 네가 많이 알아봐. 나는 잘 몰라. 그런데 과학자 이름에 왜 자동차가 나

온 거야?"

"글쎄, 전기 자동차를 발명한 사람이지 않을까?"

선생님이 우진이와 태호의 이야기를 듣고 끼어들었어요.

"너희들 아까 소개 영상 제대로 안 봤구나? 니콜라 테슬라라는 과학자가 있는데, 전기 분야에서 업적을 많이 남겼어요. 그래서 미국의 전기 자동차 회사가 테슬라의 이름을 따서 회사 이름을 지은 거예요. 테슬라가 전기 자동차를 발명한 것은 아니고요."

선생님의 설명에 우진이가 빈정거렸어요.

"태호 너 뭐냐? 혼자 아는 척은 다 하더니!"

태호의 얼굴이 발개졌어요.

선생님이 칠판으로 몸을 돌리며 말했어요.

"과학자를 정하지 않은 모둠은 우진이와 태호네뿐이고, 남은 과학자는 테슬라뿐이니, 이것은 운명? 하하!"

선생님은 테슬라 이름 옆에 우진이와 태호의 이름을 적었어요. 그러고는 전기에 대한 이야기를 시작했어요.

"자, 우리 교실을 보세요. 형광등에 불이 들어오고, 에어컨이 작동하고, 컴퓨터가 켜지고, 스피커에서 소리가 들리는 건 무엇 덕분이죠?"

"전기요!"

"맞아요, 모두 전기의 힘 덕분이에요. 이 전기는 어디에서 왔을까요?"

선생님의 질문에 아이들이 여러 답을 쏟아 냈어요.

"전깃줄에서요."

"바다에서요!"

"댐에서요."

"발전소요."

선생님이 아이들의 대답을 멈추게 하고는 설명했어요.

"그래요, 바다나 강처럼 물의 힘을 이용할 수 있는 곳에서 수력 발전으로 전기를 만들거나 바람의 힘인 풍력, 원자력 등 여러 가지 방법으로 전기를 만들어 우리가 사는 곳까지 끌어오는 거예요. 전기를 멀리까지 끌어올 수 있게 된 건 과학자 니콜라 테슬라의 영향이 컸어요."

태호도 우진이도 깜짝 놀랐어요. 그러자 선생님이 웃으며 덧붙였어요.

"니콜라 테슬라가 어떤 마법을 부렸기에 전기가 먼 거리를 이동할 수 있었을까? 태호와 우진이가 테슬라를 잘 연구해서 발표해 봐요. 재밌을 거예요."

대단한 전기, 대단한 테슬라

 태호는 우진이에게 내내 미안한 마음이 들었어요. 우진이는 에디슨을 하고 싶어 했는데, 자신 때문에 테슬라를 하게 된 것 같아서요.

 태호는 미안한 마음에 우진이보다 조사를 더 많이 해야겠다고 생각했어요. 우진이는 발표를 잘하니, 우진이가 발표를 하면 될 거라고 생각했지요.

 학교에서 태호가 우진이에게 물어보았어요.

 "우리 숙제 언제 할까?"

 "무슨 숙제?"

 "테슬라 발표 준비 말이야."

 "아, 깜빡했네. 나 오늘 축구하기로 했는데!"

 "그럼 내일은?"

"내일은 학원 가는데 어떡하지? 태호 네가 먼저 알아봐. 발표는 내가 할게."

우진이는 별일 아니라는 듯 말했어요. 태호는 아무 대꾸도 못했지요.

"태호 넌 과학도 좋아하고 더군다나 테슬라는 더 좋아하잖아. 그럼 됐지? 나 먼저 간다."

우진이가 비웃는 듯 말하고는 태호 어깨를 두드리고 가 버렸어요.

어릴 때 절친이면 뭐해요. 우진이는 언제나 다른 아이들과 노느라 더 바쁜걸요. 태호도 우진이랑 놀고 싶지만 친하지 않은 아이들과 어울리는 게 쑥스러워 집에 빨리 와 버리곤 했어요. 아이들 옆에서 어정어정 서성이느니 혼자 있는 게 마음이 편했거든요.

그런데 오늘은 같은 모둠인데도 우진이가 미꾸라지처럼 요리조리 빠져나가기만 하니까 기분이 별로였어요. 테슬라 때문에 미안하던 마음도 싹 사라졌어요.

태호는 터덜터덜 걸어서 집으로 돌아왔어요. 핫도그도 먹고, 새로 나온 자동차가 있는지도 살펴보았지요. 그중에서도 전기 자동차는 더욱 자세히 보았어요.

인터넷으로 새로 나온 자동차들을 보고 있는데도 자꾸 테슬라 숙제가 생각났어요. 우진이랑 함께하려면 며칠은 더 있어야 할 것 같으니 혼자서라도 알아보기로 했어요.

그때 마침 태호 엄마가 집으로 돌아왔어요. 태호가 엄마를 맞으러 거실로 나갔어요.

"엄마, 다녀오셨어요?"

그런데 엄마는 태호의 인사를 받는 둥 마는 둥 하고는 인상을 찌푸리며 손에 든 아파트 관리비 명세서만 바라보았어요.

"어휴, 이번 달 전기세가 왜 이렇게 많이 나온 거야?"

태호는 엄마의 찡그린 얼굴을 보자 잘못한 일도 없이 마음이 조마조마했어요. 엄마의 기분이 좋지 않아 보일 때는 냅다 방으로 들어가는 게 최선이지요. 태호가 방으로 들어가려는데 엄마가 불러 세웠어요.

"김태호! 너 엄마랑 약속한 시간보다 컴퓨터 게임 더 많이 하는 거 아니야?"

"아, 아니에요."

진짜 아닌데도 엄마가 몰아세우면 괜히 움츠러들어요.

엄마가 갑자기 화장실 문 앞으로 가더니 전기 스위치를 탁 하고 소리 나게 껐어요.

"이거 봐! 필요 없는 전깃불은 꼭 끄라고 했잖아. 이러니까 쓸데없이 에너지를 낭비하게 되고 전기세만 더 나가잖아."

"네, 알겠어요. 잘 끌게요."

태호는 기운 없이 대답을 하고는 얼른 방으로 들어왔어요. 이런 날에는 엄마의 눈에 최대한 안 띄는 게 상책이지요.

태호는 다시 컴퓨터 앞에 앉았어요. 윙 컴퓨터가 돌아가는 소리가 들리자, 선생님 말씀이 떠올랐어요. 전기의 힘 말이에요. 컴퓨터도 전기로 켜고, 거실의 등도 전기로 켜요. 냉장고도 전기가 있어야 돌아가고, 가습기, 공기 청정기, 인공 지능 스피커도 전기로 움직여요. 태호는 전선을 따라 눈을 돌리다 콘센트를 보았어요. 다른 때와는 달라 보였어요.

"이 구멍에서 전기가 온단 말이지?"

창밖을 내다보니 줄줄이 연결된 전깃줄이 보였어요. 이렇게 가느다란 전선을 타고 온 전기가 얼음도 꽝꽝 얼리고 게임기도 작동하게 한다니 생각할수록 신기했어요.

전기가 끊어지면 당장 냉장고에 있는 음식부터 녹거나 썩기 시작할 테고, 엘리베이터도 멈추겠지요. 불도 꺼지고, 병원에서 환자들을 치료하는 기계들도 쓸 수 없을 거예요. 하나하나 생각해 보니 불편한 정도가 아닌 것 같았어요.

전기세 때문에 엄마가 가끔 무서워진다는 것만 빼면 전기는 정말 고마운 것이었지요.

이렇게 쓸모가 많은 전기를 우리가 편히 쓸 수 있게 한 과학자라니!

"그럼 테슬라가 전기를 만든 건가? 전기를 움직이게 했나? 그것도 아닌 것 같은데, 전기를 어떻게 한 거지?"

태호는 궁금해서 이것저것 검색을 해 보았어요.

전기를 연구한 과학자로는 에디슨과 테슬라가 꼽혔어요. 에디슨도 자신이 발명한 전구를 편리하게 사용하도록 전기 시설을 만들어 깔았고, 테슬라는 전기를 더 멀리까지 전달해서 많은 사람들이 편리하게 사용하도록 연구를 했다고 나와 있었어요. 테슬라는 천재 과학자, 빛의 마법사라는 별명도 가지고 있다고 했어요.

"뭔가 대단하긴 한가 보다. 어떤 사람이길래 이렇게 칭찬이 많을까?"

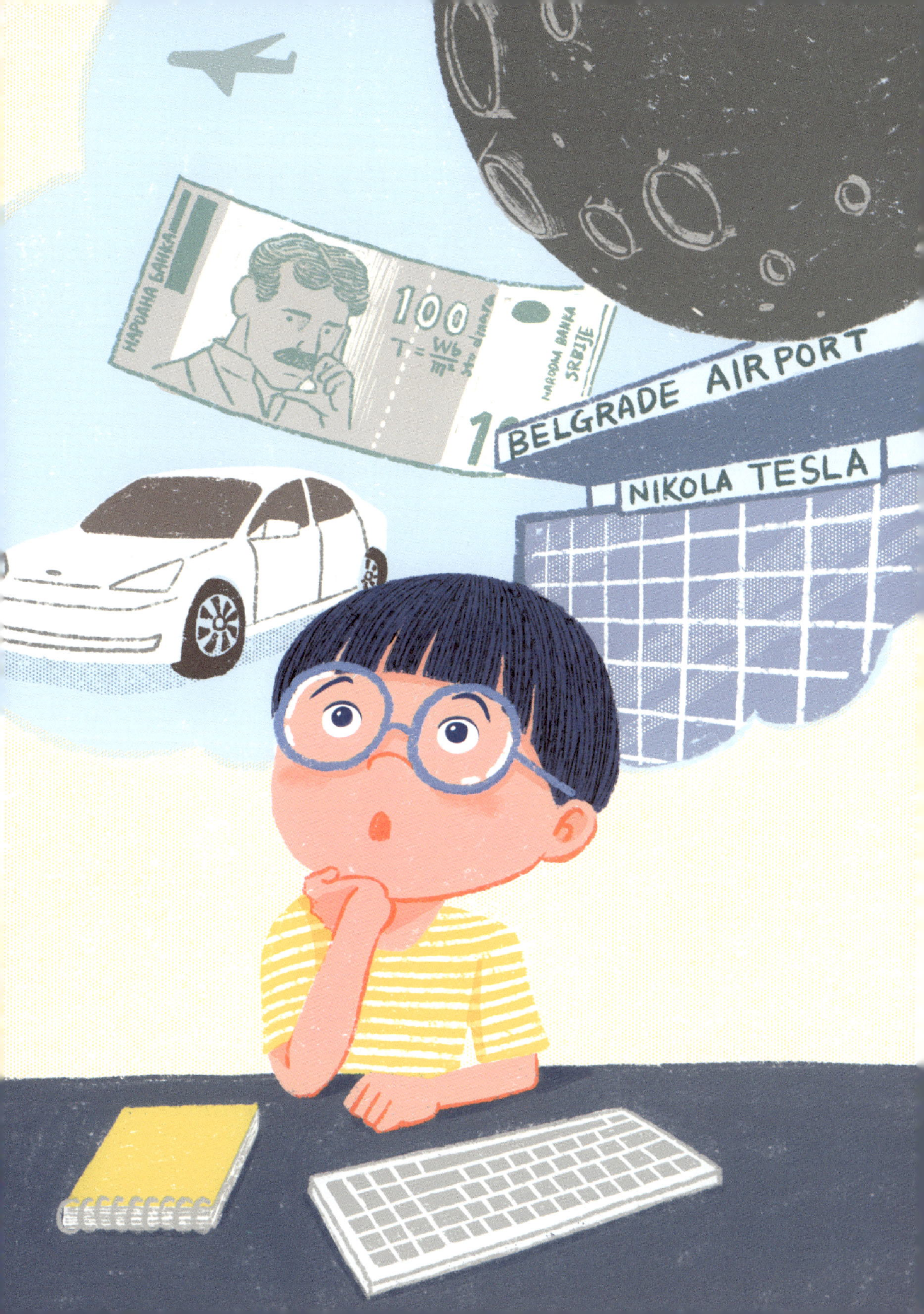

100
BELGRADE AIRPORT
NIKOLA TESLA

전기랑 관련된 것들 중 테슬라의 이름을 딴 것이 많았어요. 한 전기 자동차 회사의 이름은 '테슬라', 한 수소 자동차 회사의 이름은 '니콜라'였어요. 과학 이론에 '테슬라'라는 단위도 있고, 달에 있는 분화구 중에 '테슬라'라는 이름을 가진 것도 있대요. 유럽의 세르비아라는 나라는 세르비아계 사람인 테슬라의 업적을 기리기 위해 공항에도 '테슬라'라는 이름을 붙였어요. 그리고 세르비아에는 테슬라의 얼굴 사진이 들어간 지폐도 있다고 했어요.

"테슬라는 진짜 엄청난 사람인가 봐. 사람들이 다 테슬라 이름을 따서 뭘 하잖아?"

태호는 기분이 좋아졌어요. 테슬라도 에디슨만큼 엄청난 과학자였어요. 우진이도 그 사실을 알면 좋아할 것 같았어요. 태호는 곧장 우진이에게 전화를 걸었지만 받지 않았어요. 태호는 몇 번 전화를 걸다가 그만두었어요. 대신 테슬라에 대한 책을 찾아보았지요.

테슬라에 대해 알면 알수록 재미있었어요. 태호는 그렇게 테슬라에 빠져들어 갔어요.

전기는 어떤 일을 할까요?

지금 자신의 주변을 둘러보세요. 전기를 이용하는 제품에 둘러싸여 있지는 않나요? 전기는 우리 생활 가까운 곳에서부터 먼 곳까지 다양한 곳에서 편리하게 쓰이고 있어요.

가정에서는 세탁기, 냉장고, 믹서기 등 다양한 가전제품을 전기로 작동시켜요. 전기로 열을 내는 난방 기구도 있지요.

마을에서는 가로등을 켜 길을 밝히고 신호등도 작동시켜요. 전기로 기차와 전철을 운행해요.

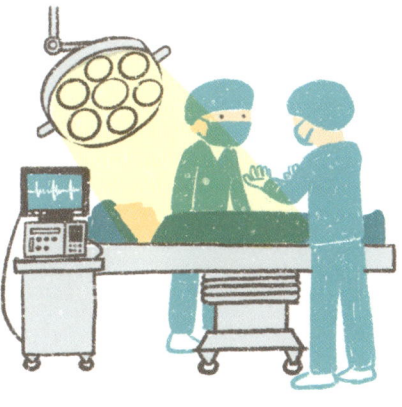

공장에서는 전기로 기계를 움직여 우리 생활에 필요한 다양한 물건을 만들어요.

병원에서는 전기를 이용한 다양한 의료 기기로 환자를 치료해요.

못 말리는 테슬라, 못 말리는 태호

다음 날, 태호는 우진이를 보자마자 테슬라에 대해 이야기했어요. 우진이가 이야기에 귀를 기울이는 것 같자 태호는 더욱 신이 났지요.

"내가 테슬라 어린 시절에 대한 이야기도 찾아봤는데, 들어 봐."

태호는 작은 수첩을 주섬주섬 꺼냈어요. 어제 검색하면서 중요한 단어를 적어 두었거든요.

"발명하는 말썽꾸러기!"

우진이는 궁금해 하며 물었어요.

"말썽꾸러기? 테슬라가?"

"응. 어릴 때 그랬대. 친구들에게 잠수하는 걸 보여 주려고 들어갔다가 죽을 뻔하기도 하고, 댐에서 수영하다가 물

살에 떠밀려 가서 죽을 뻔하기도 했대. 또 어릴 때부터 뭔가를 잘 만들었나 봐. 철사를 구부려 만든 낚싯바늘로 개구리 낚시를 하기도 하고, 풍뎅이가 많은 해에는 풍뎅이에 실을 달아서 날갯짓하는 힘으로 풍뎅이 모터를 만들기도 했대. 정말 기발하지 않아?"

  우진이가 태호의 이야기를 들으며 고개를 끄덕끄덕했어요.

"음, 좀 특별하긴 했네."

태호는 쉬는 시간마다 우진이 자리로 가서 테슬라에 대한 이야기를 늘어놓았어요. 그러자 우진이가 물었어요.

"넌 이제 테슬라밖에 모르냐? 처음에는 테슬라가 자동차 이름인 줄로만 알더니."

태호가 머리를 긁적였어요.

"찾아보니, 엄청 멋있는 사람이야. 대단하고."

태호는 수첩에 적은 단어 중 하나를 더 읽었어요.

"못 말리는 사람!"

"뭘 못 말려?"

우진이가 심드렁하게 말했어요.

"있잖아, 테슬라는 과학 공부를 하고 싶었는데 부모님은 테슬라가 신학을 공부하기를 바라셨나 봐. 그런 부모님이 어떻게 해서 테슬라의 뜻을 인정하게 된 줄 알아?"

"글쎄, 가출을 했나? 아니면 단식 투쟁?"

태호가 우진이의 대답에 킥킥 웃고는 다시 들뜬 목소리로 이야기했어요.

"테슬라가 열일곱 살에 콜레라에 걸렸는데 증세가 엄청 심각했나 봐. 몇 달을 앓아누워 있었대. 그때 테슬라가 자신이 건강해지면 꼭 과학 공부를 시켜 달라고 부모님께 부

탁했대. 죽을지 살지도 모르는 상황에서 공부할 생각을 했다니 대단하지 않아?"

"응, 그렇긴 하네."

태호가 다시 수첩을 뒤적이더니 신이 난 목소리로 말했어요.

"테슬라는, 집중력 짱!"

그러자 우진이가 얼굴을 찡그렸어요.

"집중력 짱? 당연한 거 아니야? 태호야, 집중력 떨어지는 과학자가 세상에 어디 있겠냐?"

우진이가 맞장구를 쳐 주지 않자 태호는 기분이 상했어요. 하지만 끝까지 설명을 늘어놓았지요.

"테슬라는 다행히 건강을 되찾고 오스트리아에 있는 기술 대학에서 과학을 공부할 수 있었대. 죽을 고비도 넘겼겠다, 부모님도 어렵게 설득했겠다, 그러니 그냥저냥 공부할 수는 없잖아. 엄청 열심히 했나 봐. 온종일 과학 책만 끼고 살았대. 교수님도 아주 훌륭한 학생이라고 인정해 주고 말이야."

그러자 우진이가 또 한 번 말꼬리를 잡았어요.

"태호야, 생각해 봐. 열심히 공부한 과학자가 한둘이겠어? 뭐 더 특별한 건 없어?"

우진이의 말에 태호가 어렵게 말을 꺼냈어요.

"이건 말을 할까 말까 망설였는데, 테슬라가 도박에도 깊게 빠진 적이 있었대. 장학금이랑 생활비도 도박으로 다 날렸다지 뭐야. 그렇게 끝까지 가 보고는 손을 털고 다시 공부로 돌아왔대."

이번에는 우진이가 눈을 빛내며 말했어요.

"오, 흥미로운걸. 난 그런 삐딱한 이야기가 좋단 말이야."

"치, 아무튼 우진이 너도 못 말린다."

태호가 다시 수첩을 뒤적이더니 문득 생각난 듯 말했어요.

"참, 테슬라가 집중력을 갖게 된 계기에는 좀 슬픈 사연이 있어. 테슬라가 어릴 때였는데, 테슬라의 형이 말을 타다 사고로 죽었나 봐."

"아, 정말? 그건 너무 슬픈 얘기다."

어쩐 일인지 우진이가 처음으로 태호의 이야기에 공감하는 표정을 지었어요. 태호는 이야기를 계속 이어 갔지요.

"테슬라가 힘들고 슬픈 일을 겪어서인지, 어릴 때부터 눈앞에 빛이 번쩍이는 게 자꾸 보여서 힘들었대. 실제로는 아

무엇도 없는데 말이야. 그래서 그걸 극복하기 위해 머릿속으로 한 가지를 골똘히 생각하는 연습을 많이 했대. 그런 연습 덕에 나중에는 복잡한 기계 설계도 머릿속에서 완벽하게 그려 낼 수 있었다는 거야. 머리에서 설계한 대로 직접 실험을 해 보면 머릿속으로 생각한 거랑 딱 맞아떨어졌다니, 정말 대단하지?"

"응, 좀 대단하다. 나도 시험 문제 보자마자 머릿속에서 답이 쫙 펼쳐지면 좋겠다."

우진이가 양쪽 관자놀이에 검지손가락을 갖다 대고는 우스운 표정을 지었어요. 그러더니 태호를 툭 치고 말했어요.

"그러고 보니 못 말리는 테슬라에 못 말리는 태호네! 뭐 하나에 푹 빠지면 다른 데는 관심 없고 그것만 파고드는 게 꼭 태호 너랑 비슷하잖아. 봐, 너 지금 쉬는 시간마다 와서 테슬라 이야기만 하잖아."

"하하, 내가 그랬나?"

태호는 머쓱한 얼굴로 머리를 긁적였어요.

미꾸라지 우진이

다음 날 학교 끝나고 태호와 우진이는 놀이터에 갔어요. 숙제 얘기를 하려고 만났지만 계속 그네만 타고 놀았어요. 놀이터 한쪽에 비둘기들이 구구 하며 모여들었어요. 한 무리의 아이들이 뛰어오자 비둘기들이 푸드덕 날아갔어요.

태호와 우진이는 아이스크림을 하나씩 입에 물고 미끄럼틀 꼭대기에 앉았어요.

우진이가 물었어요.

"태호야, 너 발표 준비 더 했어? 나도 테슬라에 대해 찾아봤는데 재미없어서 하기가 싫어지더라."

태호는 우진이 말에 맞장구를 치지도 못하고 그렇다고 재미있었다고 말하지도 못하고 가만히 있었어요.

"어릴 때 말썽 부리고 장난만 치던 아이가 나중에 훌륭한 과학자가 되었다, 너무 뻔한 거 아니야? 위인전에 나오는 사람들 대부분 그렇잖아."

태호가 조심스럽게 고개를 저었어요.

"그래도 테슬라가 쉽게 과학자가 된 건 아니야. 테슬라 부모님은 테슬라가 과학자가 아닌 성직자가 되기를 바라셨댔잖아. 테슬라가 아파서 죽을 위기를 넘긴 뒤에야 기술 학교에 가는 걸 겨우 허락해 주셨다고. 그래서 기술 학교에 입학해서 정말 열심히 공부했대. 교수님들이 테슬라의 건강을 걱정해서 너무 공부에만 매달리지 못하게 하라고 테슬라 부모님께 편지를 보낼 정도로 말이야."

우진이가 놀라는 표정을 지었어요.

"아니 대체 공부를 얼마나 열심히 해야 선생님들이 그런 편지를 보낼까? 공부 좀 그만하라고. 하하!"

"친구들과 놀지도 않고 파티도 안 하고 정말로 미친 듯이 공부만 했나 봐. 집중력 짱에 못 말리는 사람이잖아."

"어떻게 하면 한 가지 일에만 집중할 수가 있을까. 나라면 재미없을 것 같은데 말이야."

태호와 우진이는 아이스크림을 다 먹고 놀이터 휴지통에 아이스크림 막대기를 던져 넣는 놀이를 했어요. 우진이는 번번이 실패했지만 태호는 한 번에 성공했어요.

"태호 너도 테슬라 과라니까! 집중력이 좋으니까 한 번에 넣잖아."

우진이의 칭찬에 태호 얼굴이 붉어졌어요. 태호는 부끄러운 마음을 숨기려는 듯 테슬라 설명에 더욱 열을 올렸어요.

"집중력 하니까 생각나는 게 있어. 테슬라는 어떤 복잡하고 어려운 설계도 머릿속으로 완벽하게 그려 내는 재주가 있다고 했잖아. 그게 집중력이 높아서 가능한 거겠지? 전기 회사에 취직하고 능력을 인정받아서 나중에는 미국에 있는 에디슨의 회사에도 취직을 했대."

우진이가 태호를 툭 치며 말했어요.

"자식, 조사 진짜 잘했네. 네가 수첩에 적은 그 중요 단어를 이용해서 발표 문서를 만들면 되겠다. 그럼 다 된 거지?"

"그, 그럴까?"

태호가 머뭇거리는 사이에 우진이가 가방을 챙겨 들었어요.

"그럼 나 먼저 갈게. 내일 봐."

우진이는 쌩 하고 달려갔어요. 태호는 얼떨떨한 채로 놀이터에 혼자 남았어요. 기분이 썩 좋지는 않았어요. 결국 우진

이는 아무것도 하지 않고 쏙 빠져나갔으니 말이에요.

  태호는 우진이 말을 곰곰이 생각해 보다 우진이가 말한 대로 해 보기로 했어요. 태호는 수첩을 펴고 연필을 들었어요. 테슬라의 얼굴을 가운데에 놓고 그 주위에 중요 단어들을 적어 넣었지요.

아슬아슬 태호와 우진이

태호는 그 뒤로도 우진이가 시간이 나기를 기다렸지만 우진이는 여전히 바빴어요. 친구 생일잔치에 간다고 휙 가 버리고, 학원 때문에 가 버리고, 그다음 날에는 배가 아프다며 가 버렸지요.

태호는 과학 시간에 앞쪽 자리에 앉은 우진이의 뒤통수를 뚫어지게 쳐다보았어요. 눈빛을 번개로 만들어서 우진이 뒤통수에 쏘는 상상을 하면서요.

마치 태호가 쏜 번개가 우진이 머리에 닿은 듯 우진이가 머리를 긁적였어요. 그러다 우진이가 깜짝 놀라 소리쳤어요.

"앗, 따가워!"

태호가 킥 하고 웃자 선생님이 말했어요.

"정전기가 생겨서 그래요. 요즘 날씨가 건조해서 정전기가 더욱 잘 일어나지요. 여러분 알고 있나요? 정전기도 전기예요."

우진이가 자신의 머리칼을 달래는 것처럼 조심히 쓸어내렸어요.

"우리 몸에도 전기가 있어요. 아주 적기 때문에 느끼지 못할 뿐이지요. 심장이 멈추면 전기 충격기로 되살리기도 하지요? 이것도 전기 자극을 주어 심장을 다시 뛰게 하려고 그런 거예요."

태호는 전기 이야기에 귀를 쫑긋 세웠어요.

"그러고 보니까 테슬라가 생각나네요. 테슬라가 어린 시

절에 고양이를 키웠는데, 건조한 겨울날 고양이를 쓰다듬다가 따닥 소리가 나면서 불꽃이 튄 거예요. 그게 뭘까요?"

"정전기요!"

선생님 질문이 끝나자마자 우진이가 대답을 했어요.

"오호, 우진이! 빛보다 빠른 대답인걸! 역시 테슬라 모둠다워!"

선생님의 말에 우진이가 빤들빤들 웃었어요.

"맞아요. 테슬라가 어린 시절에 본 그 정전기가 훗날 테슬라의 연구에 중요한 계기가 되었어요. 테슬라는 그 경험을 잊지 않고 있다가 전기에 관심을 갖고 연구하게 되었지요. 테슬라는 자신이 연구한 것을 사람들에게 아주 특별한 방식으로 보여 주기도 했어요. 전기를 이용해 몸에 빛이 나게 한다거나 전선도 없이 전등을 켠 거예요."

"우아, 진짜요?"

"마법 같았겠죠? 그래서 사람들은 테슬라를 '전기의 마법사'라고 부르기도 했어요."

선생님이 우진이와 눈을 마주치며 물었어요.

"우진아 맞지?"

우진이는 잠깐 어리둥절한 표정을 짓다가 냉큼 대답했어

요.

"그럼요, 하하. 전기의 마술사! 기술이 좋아서 에디슨 회사에서도 일한걸요."

"우진이 말이 맞아요. 에디슨과 경쟁을 할 정도로 테슬라도 대단한 과학자였어요. 우진이랑 태호가 테슬라 발표를 어떻게 할지 정말 궁금한데요!"

우진이는 자신 있다는 표정으로 선생님에게 엄지손가락을 들어 보였어요. 태호는 어이가 없었어요. 조사는커녕 태호가 설명하는 것도 듣는 둥 마는 둥 하더니 마치 테슬라 전문가라도 되는 양 거들먹거리는 게 얄미웠지요.

수업이 끝나고 우진이가 태호한테 속삭였어요.

"근데 진짜 테슬라가 에디슨의 경쟁자였어? 에디슨의 부하 직원이 아니라?"

태호가 시무룩하니 대답했어요.

"나도 몰라!"

정전기란 무엇일까요?

정전기는 문질러서 생기는 전기로 마찰 전기라고도 해요. 흐르지 않고 그 자리에 있다고 해서 정전기라고 하지요.

간단한 실험을 통해 정전기를 관찰할 수 있어요. 천으로 풍선을 문질러 보세요. 그런 다음 잘라 둔 색종이 조각에 풍선을 대면 색종이 조각이 풍선에 달라붙는 것을 볼 수 있답니다.

정전기가 우리를 깜짝 놀라게 하는 불청객인 것 같지만 정전기의 특징을 활용한 생활용품도 있어요. 먼지를 털어 내는 먼지떨이와 음식물을 포장하는 데 쓰는 비닐 랩 등이 정전기를 활용한 생활용품이랍니다.

정전기는 언제 처음 연구되었을까요?

정전기를 처음으로 연구하고 기록한 사람은 고대 그리스의 자연철학자 탈레스(기원전 624년경~546년경)예요. 탈레스는 천으로 문질러 닦은 광물 호박이 먼지나 가벼운 실 같은 것을 잡아당긴다는 사실을 알게 되었어요. 영어로 전기를 '일렉트리서티'라고 하는데, 이 말은 호박을 뜻하는 그리스어 '일렉트론'에서 비롯된 것이랍니다.

테슬라와 에디슨의 만남

 웬일인지 오늘은 우진이가 다른 데로 가지 않고 집에 가는 태호 옆에 계속 붙어 있었어요. 태호네 집과 우진이네 집은 큰길 하나를 사이에 두고 있어요. 태호는 옆에 붙어 있는 우진이가 좋기도 했지만 얄미운 마음도 생겼어요.
 '치, 선생님 앞에서 아는 척 한번 하더니 테슬라가 좋아진 거야 뭐야!'
 둘은 헤어지지 않고 우진이네 아파트 화단에 서서 한동안 이야기를 계속했어요.
 "역시 위인은 위인을 알아보나 봐. 그러니까 테슬라도 에디슨 회사에 취직하려고 했겠지?"
 그런데 태호가 듣자 하니 우진이는 테슬라보다 에디슨에 관심이 더 많아 보였어요. 서운한 마음이 들었지요.

"우진아, 테슬라한테 애정을 좀 가져 봐. 아직도 에디슨에 미련이 남은 거야?"

그러자 우진이가 속을 들킨 듯 멋쩍게 웃었어요.

"아, 내가 그랬나? 아무튼 신기한 건 맞잖아. 두 과학자가 한 회사에 있었다니. 태호야, 우리 집으로 가서 같이 검색해 볼래?"

"어, 그, 그래."

태호는 얼떨떨한 마음으로 우진이네 집에 가게 되었지요.

둘은 테슬라가 나오는 영상을 찾아서 보았어요. 영상에는 테슬라의 젊은 시절 이야기가 나왔어요. 갑자기 우진이가 영상을 멈추었어요.

"아함, 계속 보고 있으니까 좀 따분하다. 우리 게임 한 판 하고 다시 보면 안 될까?"

태호가 어이없다는 듯 우진이를 바라보았어요.

"어쩐지 이상하다 했어. 아까 네가 너무 적극적으로 나와서 다른 사람인 줄 알았다니까."

"히히, 재미있을 줄 알았는데 역시 과학은 나하고 좀 안 맞아."

우진이는 점점 영상에서 눈길을 거두더니 본격적으로 스

마트폰 게임을 하기 시작했어요. 태호는 그런 우진이를 보며 속으로 생각했지요.

'어휴, 너한테 기대를 한 내가 잘못이지.'

태호는 혼자서 영상을 끝까지 보고 모자란 부분은 검색을 했어요. 그러고는 우진이를 불러 새로 알게 된 내용을 들려주었어요.

"우진아 있잖아, 테슬라가 에디슨 회사에 가기 전에 헝가리에 있는 전신 회사에 다녔대. 그 회사에 다닐 때에도 아주 뛰어난 직원이었나 봐. 어려운 업무도 척척 해결하고 말이야."

그러자 우진이가 전화기에서 눈도 떼지 않고 말했어요.

"아, 그래서 에디슨 회사에서 테슬라를 스카우트한 거야?"

"아니 그런 건 아니고, 테슬라가 워낙에 뛰어나니까 테슬라의 동료가 에디슨 회사에 추천서를 써 주었대. 추천서에 뭐라고 쓴 줄 알아?"

태호의 물음에 우진이가 모르겠다는 듯 어깨를 한 번 들썩거렸어요.

"뭐라고 썼냐면, '내가 아는 훌륭한 사람이 두 명 있는데 한 명은 에디슨 당신이고, 다른 한 명은 이 젊은이입니다.'

라고 했대. 정말 멋지지 않아?"

 태호는 키가 크고 늘씬하고 콧수염이 멋진 테슬라가 추천서를 들고 에디슨을 만나는 장면을 상상하며 미소를 지었어요.

빠지직 불꽃 튀는 전쟁

태호가 우진이를 툭 치며 말했어요.

"우진아, 누군가가 이 세상에 훌륭한 사람이 둘 있는데 그중 한 명이 우진이 너라고 하면 어떨 것 같아?"

우진이가 잠깐 생각하는 듯하더니 말했어요.

"기분 좋겠지. 가끔 우리 엄마가 그런 말씀은 하셔. 나랑 내 동생이 세상에서 가장 사랑스러운 사람이라고. 태호야, 나 좀 사랑스럽지 않냐? 하하."

"아무튼 우진이 너, 넉살은 알아줘야 해."

그런데 갑자기 우진이가 따지듯이 물었어요.

"세상에서 가장 훌륭한 사람 중 하나인데, 다른 사람 밑에서 일을 하다니 자존심 상했겠다."

태호는 태호대로 테슬라 편에 서서 말을 했지요.

"처음부터 성공하는 사람이 어디 있어? 차근차근 단계를 밟아 가는 거지."

"아무튼 에디슨은 사장님이고 테슬라는 부하 직원이었던 거잖아. 안 그래? 칫, 그러면서 무슨 경쟁자래!"

태호는 우진이가 테슬라를 인정하지 않는 것 같아 속이 상했어요.

"에디슨은 엄청 유명했고, 회사도 컸으니까. 테슬라가 일

하는 회사 사람들은 테슬라가 복잡한 기계 문제도 잘 해결하는 걸 보고 점점 더 중요한 일을 맡겼대. 나중에는 에디슨의 전기 기계를 더 발전시키는 일도 하고 말이야. 에디슨도 테슬라를 보고 괜찮은 사람이라고 인정했대."

"나중에 어떻게 되었는지 궁금하네."

"에디슨은 테슬라한테 발전기를 새롭게 만들어 내면 5만 달러를 주겠다고 했대. 그런데 테슬라가 만드는 데 성공하자 농담이었다면서 주지 않았다는 거야. 또 테슬라가 교류 발전기가 더 좋다며 개발하자고 했지만 받아들이지 않았어. 에디슨은 이미 큰 사업을 하고 있으니 굳이 사업 방향을 바꾸기 힘들었던 거야. 결국 테슬라는 에디슨의 회사를 나오고 말았대."

태호가 들떠서 설명했어요.

"테슬라는 동료들과 함께 회사를 세우고 교류 모터를 만들었어. 에디슨 회사랑 경쟁하던 웨스팅하우스라는 회사가 테슬라의 특허권을 사서 교류 발전기로 전기를 공급했지. 그래서 전류 전쟁이 일어났어."

우진이 눈이 휘둥그레졌어요.

"전쟁? 총 쏘면서 싸우는 전쟁?"

"아니, 그게 아니고, 직류 회사랑 교류 회사가 서로 자기네 전기가 좋다고 전쟁하듯이 경쟁한 거지."

태호가 검색한 자료를 한 번 더 보고 설명을 이어 갔어요.

"에디슨 회사에서 이미 직류로 전기를 공급하고 있는데, 웨스팅하우스에게 빼앗길 수 없으니, 나중에는 교류가 위험한 전기라며 선전을 했어. 개나 고양이, 코끼리를 교류 전기에 감전시키는 실험을 하거나 사형을 집행하는 의자에 교류 전기를 쓰게 한 거야. 사람들이 교류가 위험하다고 생각하게 말이야. 아무리 그렇다고 해도 동물들을 죽이다니! 정말 너무하지 않아?"

태호가 흥분하자 우진이가 차분히 대꾸했어요.

"진짜로 위험하니까 그랬겠지. 에디슨이 그럴 리가 없어."

태호는 우진이가 에디슨 편만 드니까 기분이 나빠졌어요.

"넌 아무것도 모르면서 왜 내 말에 반대만 해?"

우진이도 삐죽대며 말했어요.

"그래, 난 하나도 모른다! 그러니까 잘 아는 네가 다 하면 되겠네!"

"뭐? 그럼 우진이 너는 뭘 하려고?"

"난 발표하면 되지. 넌 앞에 나가면 불타는 고구마처럼 되

잖아."

　태호는 머리 꼭대기로 찌르르 전기가 통하는 느낌이 들었어요. 태호는 앞에 나가면 얼굴이 벌게져요. 우진이는 앞에 나가서 떨지도 않고 말을 잘하고요. 이번에도 우진이가 발표하면 선생님과 친

구들은 우진이가 꽤나 열심히 준비한 줄 알 거예요. 태호도 날카롭게 쏘아붙였어요.
"어차피 네가 한 건 하나도 없잖아. 관둬. 나 혼자 할 거야!"
이번에는 우진이 얼굴이 벌게지더니 빈정대면서 이렇게 말했어요.

"쳇, 테슬라 하고 싶어 하던 친구 하나도 없었거든. 나 아니었으면 너는 모둠도 못 짰을 거야. 하도 안돼 보여서 같이 해 줬더니!"

우진이 말에 태호는 자기도 모르게 소리를 질렀어요.

"그럼 됐네. 나 혼자 할 테니까 너는 에디슨 팀으로 가 버려!"

태호는 거칠게 가방을 집어 들고는 우진이네 집을 나왔어요. 한참 씩씩대며 걸어가도 분이 풀리지 않았어요. 어릴 때에도 그랬어요. 장난감 놀이를 해도 늘 태호가 양보하고, 정리를 할 때는 태호 혼자서 하고. 그런데도 태호는 우진이랑 같이 노는 게 좋았어요.

초등학교에 와서 다른 반이 되는 바람에 한동안 뜸하게 만났지만, 이번에 같은 반이 되어서 좋았는데, 우진이가 그렇게 말할 줄은 정말 몰랐어요. 태호는 이제까지 쌓은 모든 것들이 다 무너지는 것처럼 느껴졌어요.

토머스 에디슨은 누구인가요?

토머스 에디슨(1847년~1931년)은 세상에서 가장 많은 발명을 남긴 사람이에요. 어릴 때 암탉 대신에 알을 품을 만큼 세상에 대한 호기심도 많은 아이였어요. 에디슨이 학교에서는 잘 적응하지 못했지만 여러 호기심을 실험으로 파헤치며 점차 새로운 것을 만들어 내는 발명가가 되었지요.

전신기에서부터 자동 발신기, 전화 송신기, 발전소, 영화 촬영기 등 온갖 것을 발명하고 특허를 냈어요.

진공관을 발명하여 라디오를 만들 수 있는 기초를 마련하기도 했어요. 그중에서도 전구를 발명한 것은 가장 큰 업적이에요. 사람들은 전구 덕분에 밤에도 환하게 불을 밝힐 수 있었어요. 그리고 전구의 발명 덕분에 전기와 관련된 과학 분야도 함께 발전하게 되었답니다.

전류 전쟁이란 무엇인가요?

에디슨의 회사는 직류 발전기를 만들어 각 가정에 전기를 공급하는 일을 했어요. 테슬라가 직류의 단점을 보완한 교류 발전기를 만들었는데, 나중에 테슬라의 교류 전기를 기반으로 하는 웨스팅하우스 회사와 에디슨 회사가 경쟁을 하기도 했어요. 이 두 회사의 치열한 경쟁을 두고 '전류 전쟁'이라고 부른답니다.

우정 회로의 전선을 끊어

그 뒤로 태호와 우진이는 교실에서 마주쳐도 인사도 하지 않고 쌩하니 지나갔어요.

태호는 우진이를 보니 미안한 마음도 들고 화도 났어요. 우진이도 유난히 말수가 줄어든 것 같았어요.

그러다가도 눈이 마주치면 둘은 눈빛에서 빠지직 불꽃이라도 피울 것처럼 쳐다보고는 다시 눈을 돌렸어요.

과학 시간이었어요. 선생님은 전기 회로를 만들자고 했어요.

"전지에 전선을 연결하고 전구를 연결해 보세요. 불이 들어오나요? 전지에서 나오는 전기가 전선을 통해 흘러가는 거예요. 이렇게 전기가 흐르는 것을 전류라고 해요."

전구에 불이 들어오자, 아이들이 와 하고 소리를 질렀어요. 선생님이 직렬연결과 병렬연결에 대해 이야기를 했어요.

"이번에는 전지 2개를 연결할 거예요. 전지를 어떻게 연결하느냐에 따라 전구 빛의 세기가 달라져요. 어느 쪽이 더 환한지 한번 연결해 보세요."

아이들은 칠판에 있는 회로도를 보고 연결을 했어요.

"전지 두 개를 서로 다른 극끼리 한 줄로 연결하면 직렬연결, 전지 두 개를 같은 극끼리 나란히 연결하면 병렬연결이에요."

직렬연결　　　　　　　　　　병렬연결

아이들은 시끌시끌 떠들어 가며 전선을 연결했어요. 태호도 전선을 연결했어요. 직렬로 연결한 전구가 병렬로 연결한 회로보다 훨씬 더 밝았어요.

"선생님, 직렬연결로 하면 전구가 더 밝아요!"
"자, 말로만 하지 말고 관찰한 내용을 기록해 보세요."

태호는 눈에 보이지도 않는 전기가 흘러서 전구에서 빛을 나는 걸 보고 또 보았어요. 그러자 태호의 머릿속에서 상상이 이어졌어요.

우진이는 잘 웃고 운동도 잘해서 인기가 많았어요. 태호는 조용하고 수줍음이 많은 편이라 친구를 사귀기 어려웠지요. 태호가 혼자 있으면 우진이가 같이 놀자고 끌고 갔고, 태호는 우진이의 이야기를 잘 들어주었어요. 둘이만 있을 때에는 태호가 책에서 본 재미난 이야기를 해 주곤 했는데, 우진이는 그걸 듣기 좋아했고요. 그런데 이제는 아니에요. 태호와 우진이의 우정의 전구가 있다면 전구는 이미 꺼져 버렸어요.

'자기 아니면 모둠도 못 짰을 거라니, 내가 안돼 보여서 짝을 해 줬다고?'

태호는 자존심이 상했어요. 태호는 슬쩍 우진이를 째려보았어요. 우진이는 전구에 불을 켰다 껐다 하며 떠들어 대고 있었어요. 만약 태호와 우진이의 우정 전기 회로가 있다면 전선을 끊어 버리고만 싶었어요.

선생님이 아이들을 둘러보며 말했어요.
"자, 다 적었나요? 직렬로 연결하면 전구가 훨씬 밝지만, 병렬로 연결할 때의 장점도 있어요. 그게 뭘까요?"

아이들은 선뜻 대답하지 못했어요.
"전지를 병렬로 연결하면 직렬로 연결한 만큼 밝지는 않지만 더 오래 불을 밝힐 수 있어요. 그래서 각각 나름대로 장단점이 있어요."

태호는 우진이와 오랜 시간 친구를 했

으니 이젠 건전지가 다 닳아서 꺼질 때가 된 거예요. 그렇게 생각하니 편했어요. 이제 다 쓴 전지 따위는 필요 없어요.

태호는 실험 공책에 관찰 내용을 다시 적어 내려갔어요.

위기일 때 돕는 게 친구

한동안 태호와 우진이는 한마디도 안 하고 지냈어요. 태호는 어쩔 수 없이 혼자서 테슬라에 대해 조사했어요. 우진이는 발표 숙제에 대해 태호에게 한 번도 물어보지 않았고요. 교실 안에서 둘 사이는 싸늘했어요. 우진이는 우진이대로 아이들이랑 왁자지껄 노느라 바빴고, 태호는 조용히 책을 봤어요.

과학 시간. 선생님은 지난 시간에 한 전기 회로 실험 결과를 실험 관찰 공책에 잘 적었는지 검사를 했어요. 검사를 마친 선생님이 교실 천장을 바라보다 갑자기 물었어요.

"우리 교실의 전등은 직렬연결일까요, 아니면 병렬연결일까요?"

그러자 아이들이 서로 다른 답을 말했어요.

"직렬연결이요!"

"병렬연결이요!"

아이들의 대답이 끝나기를 기다렸다 선생님이 이야기했어요.

"우리 반에 전등이 이렇게 많이 있는데 직렬이면 어떻게 될까요? 만약 형광등이 하나 고장 나서 꺼지면?"

선생님의 이야기에 아이들이 뭔가 알겠다는 듯 답했어요.

"아, 그럼 다 꺼지겠네요?"

"그렇죠. 병렬로 연결해야 전등이 하나 나가도 다른 전등이 꺼지지 않는 거예요."

선생님이 수업을 마치기 전에 질문을 했어요.

"자, 과학자 발표 준비는 잘 되고 있나요? 거의 다 된 모둠은 손 들어 봐요."

갑작스런 질문에 태호는 어떻게 할지 몰라 우진이를 흘끗 바라보았어요. 태호와 우진이는 손을 못 들었어요.

선생님이 우진이에게 물었어요.

"테슬라 모둠, 왜 이렇게 조용해? 우진아, 테슬라가 직류와 교류 중 어떤 걸 연구했지?"

우진이는 쩔쩔매면서 대답을 못했어요.

"전기에 대한 이야기라 좀 어렵지? 그래도 테슬라 하면 직류, 교류를 빼놓을 수 없는데……."

우진이 얼굴이 점점 달아올랐어요. 우진이가 선생님에게 말했어요.

"저 테슬라 안 할 건데요."

"그럼 태호 혼자 하는 거니? 지난번에는 둘이 같이 잘하고 있다고 하더니 어떻게 된 거야? 발표 준비는 하나도 안 하

고 태호한테만 미루고 있는 거 아니야?"

우진이는 아무 말 못하고 고개를 떨구었어요. 교실은 싸늘한 분위기만 감돌았어요. 태호는 우진이가 좀 안되었다는 생각이 들었어요. 태호는 우진이를 돕고 싶었어요. 하지만 뭐라고 말해야 할지 몰랐어요. 이럴 때는 차라리 솔직한 게 낫다는 생각이 들었어요. 태호가 손을 들었어요.

"선생님, 테슬라는 좋은데, 전기 이야기가 너무 어려워서요. 둘이 역할을 나눴어요. 제가 전기 이야기를 찾아서 조사하고, 우진이는 잘 요약해서 발표하는 걸로요."

선생님이 분위기를 누그러뜨리며 우진이에게 물었어요.

"그런 거니?"

우진이는 대답을 똑 부러지게 못하고 고개만 끄덕였어요.

"좋아, 알겠어. 이번 발표 수업은 과학자에 대해 알아내고 친구들에게 알려 준다는 목적도 있지만, 친구와 함께 팀워크를 이루어 협동하는 법을 배우는 시간이기도 해요. 역할을 나눠서 함께하는지 선생님이 지켜볼 거예요."

"네!"

힘차게 대답하는 아이들 사이에서 우진이는 고개만 푹 숙이고 있었어요.

쉬는 시간에 화장실 가는 길에 누가 태호를 툭툭 쳤어요. 돌아보니 우진이였어요.

"직렬, 병렬, 직류, 교류 진짜 어렵긴 어렵더라."

천연덕스러운 우진이를 보고 태호는 저도 모르게 웃음이 났어요. 우정의 전기 회로를 끊네 마네 하던 마음은 다 사라지고 우진이 말에 맞장구를 쳐 주었지요.

"맞아. 나도 너무 어렵더라. '모르는 건 패스!' 그러면 되지. 아까 너 좀 안돼 보이더라."

그 말에 우진이도 킥킥 웃었어요.

"안돼 보였다고? 지금 나한테 복수한 거야?"

태호도 웃으며 지난번에 마저 하지 못했던 이야기를 해 주었어요.

"그래서 전류 전쟁에서 누가 이겼는지 알아? 에디슨 회사랑 테슬라의 기술을 가진 웨스팅하우스 두 회사 중에서 말이야."

우진이가 진심으로 궁금한 듯 물었어요.

"어딘데, 어디?"

"그 당시에 세계 박람회가 크게 열렸대. 박람회장에 필요한 조명과 전기를 설치하는 사업권을 따내면 인정을 받는

거였나 봐. 거기에서 웨스팅하우스가 에디슨의 회사를 제치고 선택을 받았대. 그러니까 테슬라의 교류 모터가 이긴 거지."

 태호는 마치 자신이 에디슨과의 경쟁에서 이긴 듯 환하게 웃었어요.

직류와 교류는 어떻게 다를까요?

전기는 전선을 따라 흐르는데, 전기가 흐르는 것을 전류라고 해요. 전기가 흐르는 데에는 두 가지 방식이 있어요.

직류는 전기가 한 방향으로 일정하게 흐르고 전압도 바꿀 수 없어요. 교류는 전기의 방향이 이쪽저쪽 주기적으로 바뀌고 변압기를 통해 전압을 바꿀 수 있지요. 그래서 전기를 먼 곳까지 보내기 위해서는 전기의 세기를 바꿀 수 있는 교류 전기가 필요하답니다.

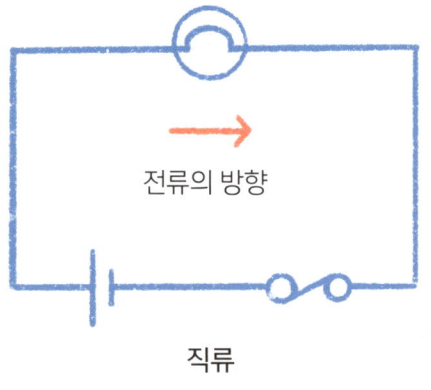

직류

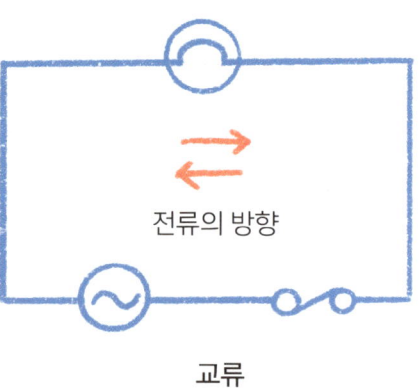

교류

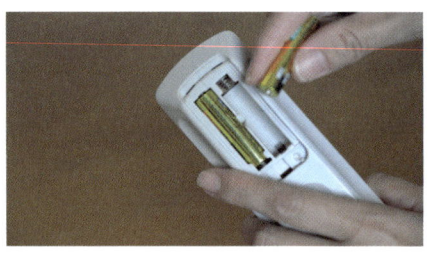

장난감이나 리모컨, 손전등에는 주로 건전지를 이용하는데, 건전지는 한쪽 방향으로만 전류가 흐르는 직류 발전 방식을 이용해요. 건전지의 방향을 잘못 끼우면 전기가 흐르지 않는 것도 바로 그 이유예요.

우리가 집에서 쓰는 대부분의 전기 제품은 교류 발전 방식을 이용한 거예요. 가전제품의 플러그를 어떤 방향으로 끼워도 작동이 잘 되어요. 전류의 방향이 계속 바뀌기 때문이에요.

전기는 어떻게 집으로 올까요?

전기는 발전소에서 만들어져요. 석유나 석탄을 이용해서 전기를 얻는 것을 화력 발전, 바람의 힘을 이용해서 전기를 얻는 것을 풍력 발전, 높은 곳에서 떨어지는 물을 이용해서 전기를 만드는 것을 수력 발전이라고 해요.

그러면 발전소에서 만들어진 전기는 어떻게 우리 집까지 오게 될까요?

발전소에서 만든 전기를 멀리까지 보내려면 변전소를 거쳐 전기를 세게 만들어야 해요. 이 전기를 송전 선로를 통해 가정에 가까운 변전소로 보내요. 하지만 높은 전압 그대로 가정에 보내면 위험해요. 그래서 전압을 낮추는 과정을 거쳐야 하지요. 변전소를 거쳐 전압을 낮추고 전봇대에 있는 변압기로 가정에서 편리하게 쓸 수 있는 전압으로 다시 한 번 낮추어서 전기를 보내요. 이렇게 전기가 오면 각 가정에서 편리하게 전기를 쓸 수 있습니다.

테슬라는 전기의 마법사

　태호와 우진이는 다시 함께 발표 준비를 하기로 했어요. 내용이 어려운 부분은 태호가 맡고, 우진이는 주로 자료 사진을 찾기로 했지요.

　이번에도 우진이네 집에서 만나기로 했어요. 태호는 우진이네 집으로 가는 길이 조금 떨렸어요. 지난번에 우진이네 집에서 큰소리로 싸웠던 게 자꾸 생각났거든요. 얼렁뚱땅 화해를 하기는 했지만 아직도 그때를 생각하면 우진이에게 괘씸한 마음이 들기도 했어요.

　태호가 우진이네 집 초인종을 누르자 우진이가 웃으며 문을 열어 주었어요. 우진이는 태호가 신발을 다 벗기도 전에 태호를 방으로 이끌었어요.

　우진이는 태호가 오기만을 기다렸다는 듯 컴퓨터를 켜고

테슬라 사진 폴더를 열었어요.

"오, 이우진 준비를 제대로 했나 봐?"

그러자 우진이가 기운 없는 소리로 말했어요.

"준비를 제대로 한 건 아니고, 생각해 보니까 내가 좀 너무한 것 같더라고. 같은 모둠인데 너한테만 떠밀어 놓고 나는 딴지나 걸고 그랬잖아."

"치, 알긴 아는 거야? 나도 그날 심하게 말해서 미안해."

그러자 우진이가 태호의 어깨에 팔을 두르며 말했어요.

"야, 닭살 돋는다. 그만하고 이 사진 좀 봐 봐. 멋있지? 지난번에 선생님이 테슬라 별명이 전기의 마법사라고 하셨잖아."

"우진이 너 제법이다. 선생님 말씀도 기억하고!"

그러자 우진이가 태호를 주먹으로 툭 쳤어요.

"야, 공부 못한다고 무시하지 마라. 아무튼 테슬라가 교류의 장점을 알리려고 신기한 전기 실험을 많이 보여 주었는데, 다들 마술인 줄 알았대. 이 사진 좀 봐!"

태호가 사진을 유심히 보았어요.

"전기가 연결되어 있지 않은걸? 어떻게 전등이 켜졌지?"

우진이도 놀랐어요.

"그건 나도 모르겠는데? 아, 여기 쓰여 있네. 무선으로 전기를 켤 수 있었대. 와 엄청 옛날인데 이게 가능했다고? 대단하다. 왜 마법사라고 불렀는지 알겠어."

우진이는 사진을 또 보여 주었어요.

"이것 좀 봐. 이렇게 전기 불빛이 찌릿찌릿 번쩍번쩍 나오는데, 안 위험한가 봐. 책을 읽고 있어."

"여기는 테슬라의 미국 콜로라도 연구실인데, 여기서 테슬라는 무선으로 전력을 보내는 방법을 실험하고 연구했대. 테슬라는 이런 사진을 통해 자신의 연구가 대단하면서도 안전한 것이라고 말하고 싶었던 것 같아."

태호가 감탄했어요.

"우진이 너 진짜 열심히 찾았구나. 우리 이거 하나씩 다 보여 주자. 다들 깜짝 놀라겠지?"

태호는 상상만 해도 좋았어요. 아이들이 입을 쩍 벌리는 풍경이 떠올랐거든요. 둘은 머리를 맞대고서 사진에 대한 설명을 한 줄씩 정리해 써넣었어요.

우진이가 말했어요.

"태호야, 이번에 너도 같이 발표하는 건 어때?"

태호는 고민했어요. 앞에 나가서 또 얼굴이 벌게지는 걸 상상하니 끔찍했거든요. 선뜻 답을 못하자 우진이가 말했어요.

"우리 둘이 같이 앞에 나가자. 너 불타는 고구마 되면 내가 살짝 도와줄게. 그 대신 너는 나한테 발표 문서 만드는 법 알려 줘."

태호는 가끔 우진이가 친구여서 참 좋다고 생각했는데, 지금이 또 그랬답니다.

테슬라의 꿈

숙제가 끝나 갈 무렵 우진이 엄마가 치킨을 가져다주었어요. 태호와 우진이는 닭 다리를 하나씩 들고 우적우적 뜯어먹었어요. 우진이가 우물대며 말했어요.

"테슬라가 살던 시대에 이런 치킨은 없었겠지?"

태호도 우물거리며 말했어요.

"아마 있었어도 테슬라는 안 먹었을 것 같아."

"이 맛있는 걸 왜 안 먹어?"

그러자 태호가 기름 묻은 손을 휴지에 닦고는 수첩을 펼쳤어요.

"테슬라는 아주 특이한 습관이 많았대. 고기도 잘 먹지 않았다고 하던걸. 숫자 3에 집착해서 밥 먹기 전에는 손을 세 번 씻고, 어떤 건물에 들어가기 전에는 그 건물 주위를 세

번 돌고서야 들어갔대. 또 이유는 모르겠지만 여자들의 진주 액세서리도 몹시 싫어했대. 그리고 결혼을 하지 않고 평생 혼자 살았다고 하더라고."

"외롭고 예민하게 살았을 거 생각하니 좀 안되기도 했다. 그런데 말이야, 테슬라는 특허도 많고 발명도 많이 했으니 평생 부자로 살았겠지?"

태호가 고개를 저었어요.

"아니래. 테슬라와 일하던 웨스팅하우스가 테슬라에게 엄청난 특허비를 주어야 했는데, 회사 사정이 좋지 않다고 하자, 테슬라가 자신은 그 돈을 안 받아도 된다고 했대. 그 돈으로 자신의 기술을 꼭 실현시켜 달라면서 말이야."

우진이 눈이 휘둥그레졌어요.

"아니, 그렇게 열심히 연구하고 공부해서 얻은 자신만의 기술을 돈도 안 받고 줬다고?"

"테슬라는 큰돈을 버는 것보다 자신의 기술이 사람들에게 널리, 이롭게 쓰이는 게 중요하다고 생각했대."

"그것도 좋은 일이지만, 나라면 악착같이 돈을 받아 냈을 것 같아."

태호가 치킨을 먹으며 새로운 정보를 찾아내고는 우진이에게 이야기해 주었어요.

"테슬라가 워든클리프 타워라는 큰 탑을 세웠는데 그 이유가 뭔 줄 알아? 사람들에게 전기를 무선으로 전달하고 싶었나 봐. 결국 지원이 중단돼서 연구를 끝까지 못했지만 말이야. 자신의 기술을 아낌없이 베풀려고 한 건 정말 훌륭한 일인 것 같아."

태호의 말을 듣고 우진이가 우물대며 말했어요.

"우아, 오늘 정말 중요한 얘기를 들었네. 방금 네가 그 얘기를 안 했다면 나는 테슬라를 괴짜 과학자로만 알고 있었을 것 같아. 인류애가 넘치는 괴짜 과학자 니콜라 테슬라. 오, 그럴듯한데!"

태호도 우진이의 말을 듣고는 엄지손가락을 들어 보이며 말했어요.

"생각해 보니까 지금 우리가 누리는 기술이 테슬라가 꿈꾸던 것 중 하나가 아닐까? 아무런 선도 달려 있지 않은 요 작은 전화기 하나로 뭐든지 할 수 있는 세상이잖아."

"태호 네 말도 맞긴 맞네. 다달이 전화 요금이 나가고, 엄마는 어떻게 하면 더 저렴한 요금제로 바꿀까 고민하지만 말이야. 테슬라 아저씨 기왕 시작한 김에 더 노력해서 통신이든 전기든 다 무료로 쓸 수 있게 만들었으면 얼마나 좋아. 안타깝네."

태호가 우진이 말을 듣고는 웃음을 터트렸어요. 그러고는 제법 진지한 목소리로 말했어요.

"우진아, 만약 테슬라가 원하던 것처럼 세상 모든 사람들이 무료로 전기를 마음껏 쓰게 되었다면 세상은 어떻게 변했을까?"

"글쎄, 좋은 점도 있겠지만 나쁜 점도 생겼을 것 같아. 전기를 마구 쓰다가 환경이 더 나빠질 수도 있잖아."

태호가 우진이를 빤히 쳐다보았어요.

"넌 가끔 이렇게 예리한 데가 있더라."

"칭찬 고마워. 그럼 너의 그 질문을 발표 문서 맨 뒤에 넣어 보는 건 어때?"

태호도 좋다고 했지요.

태호와 우진이는 기름이 잔뜩 묻은 손으로 하이파이브를 했어요.

두근두근 발표 날

드디어 발표 날이에요. 태호는 아침부터 너무나 떨렸어요. 발표만 하려면 심장이 왜 이렇게 벌렁대는지 모르겠어요. 우진이는 늘 그렇듯 유들유들 웃고 떠드느라 바빴어요.

앞서 세 모둠의 발표가 끝나고 태호와 우진이의 차례가 왔어요. 우진이가 먼저 발표를 시작했어요.

"우리 모둠은 과학자 니콜라 테슬라에 대해 알아보았습니다. 먼저 첫 번째 사진 보여 주세요."

컴퓨터 앞에 앉은 태호가 파일을 열자, 모니터에 테슬라의 사진이 나왔어요.

"이 사람이 바로 니콜라 테슬라인데요, 많은 사람이 전기를 쓸 수 있도록 전기에 날개를 달아 준 천재 과학자입니다. 니콜라 테슬라는 세상 사람들 모두가 전기를 편리하게 쓰는 세상을 꿈꾸었는데요, 지금은 테슬라가 상상하던 것들이 많이 이루어졌습니다. 니콜라 테슬라는 지금 우리가 편리하게 사용하는 전기를 누구나 쓸 수 있도록 교류 시스템을 안정적으로 개발한 과학자입니다."

우진이는 아이들을 둘러보며 여유 있는 목소리로 발표를 했어요. 태호는 우진이의 발표에 맞추어 그림을 넘겼어요. 막히지 않고 술술 이야기하는 우진이가 참 대단해 보였어요. 태호가 잠깐 멍해 있는 사이에 우진이가 말했어요.

"전기를 어떻게 흐르게 하느냐에 따라 직류와 교류로 나눌 수 있는데요, 여기서부터는 우리 모둠의 에이스 태호가 발표하도록 하겠습니다."

우진이 말이 끝나자 태호가 쭈뼛쭈뼛 앞으로 나갔어요. 벌써 얼굴이 달아오르는 게 느껴졌어요. 아이들이 킥킥대자, 선생님이 쉿 소리를 냈어요.

"자, 테슬라 모둠의 에이스, 태호 이야기 한번 들어 볼까?"

선생님까지 그렇게 말하자 태호는 귀까지 붉어졌어요. 하지만 이내 용기를 내서 말을 시작했어요.

"에디슨의 회사는 직류 발전기를 썼는데, 테슬라는 교류 발전기를 만들었습니다. 직류는…… 직류는……."

갑자기 눈앞이 캄캄해졌어요. 태호는 선생님을 쳐다보았어요. 선생님은 기다려 주겠다는 표정으로 웃기만 했어요. 태호는 머릿속이 캄캄해졌어요.

"직류는…… 전기가 흐르는 건데, 그러니까 그게……."

그때 우진이가 살짝 '한쪽'이라고 입 모양을 만들었어요. 손가락으로 화살표 방향을 가리키면서요. 태호는 그제야 생각이 나서 다시 설명을 했어요.

"전기가 한쪽으로만 흐르는 것이고, 교류는 전기가 이쪽으로도 통하고 저쪽으로도 통하는 것이라고 합니다. 그림 보시겠습니다."

그러자 우진이가 화면에 그림이 나타나도록 컴퓨터를 조작했어요. 만날 말로만 발표하던 우진이가 이번에는 사진도 넣고 문서 작성에 대해서도 배운 거예요. 우진이는 컴퓨터로 문서를 움직이는 게 재미있는지 버튼을 힘주어 누르다가 화면이 두 장씩 넘어가기도 했어요. 그때마다 반 아이들의 웃음이 터졌지만 태호는 발표를 마쳐야 한다는 생각에 아이들의 웃음소리는 들리지도 않았어요. 태호는 발표를 끝내자마자 후닥닥 자리로 돌아왔어요.

우진이가 또 발표를 이어 갔어요.

테슬라와 에디슨의 발명 이야기부터 전기 회사들의 전류 전쟁 이야기도 흥미진진하게 전했지요. 전기가 번쩍이는 테슬라의 사진을 보여 주자, 아이들이 모두 입을 쩍 벌렸어요. 태호는 자리에 앉은 채로 사진의 비밀을 설명해 주었지요.

테슬라가 발명한 물건들이 사진으로 나올 때에도 반응이 좋았어요. 우진이는 테슬라가 나이 들어서는 혼자 발명을 하면서 쓸쓸하게 살다가 죽었다는 이야기까지 마쳤어요. 마지막으로 우진이가 질문을 했어요.

"만약 테슬라가 원하던 대로 세상 모든 사람들이 전기를 마음껏 쓸 수 있게 되었다면 세상은 어떻게 달라졌을까요?"

그러자 한 친구가 대답했어요.

"엄마 눈치 안 보고 게임을 실컷 했겠지."

그러자 아이들이 와하하 웃었어요. 우진이가 이어 말했어요.

"네, 우리도 정말 편했을 거예요. 테슬라는 아주 커다란 발전기를 세워서 전 세계의 사람들이 전기를 공짜로 쓰는 세상을 만들려고 했거든요. 테슬라의 노력이 있었기에 지금 우리가 전기를 쉽게 쓰고 있는 건지도 모릅니다. 테슬라는 그 밖에도 200여 개가 넘는 특허가 있는데, 테슬라가 발명한 것들을 보면 익숙한 것이 많습니다. 예를 들면 무선 통신, 리모컨, 레이더 장치, X선 사진, 전자레인지, 수직으로 이착륙하는 비행기 등에 테슬라의 기술이 들어 있어요."

"우아, 그런 것까지 다 테슬라가 만든 거야?"

누군가 중얼거렸어요. 우진이는 말을 이었어요.

"네, 그렇습니다. 테슬라가 100년 전쯤에 발명한 기술 덕분에 우리가 오늘날 편리하게 살고 있습니다."

발표가 끝나자 아이들은 태호와 우진이에게 박수를 보냈어요. 태호와 우진이도 기분이 좋아 서로 손바닥을 마주쳤답니다. 이런 찰떡 친구는 어디에도 없을 거예요!

🔆 테슬라가 남긴 업적

니콜라 테슬라는 교류 시스템을 개발하고, 발명품도 많이 남겼어요. 테슬라가 기발한 상상력과 뛰어난 기술력으로 이룬 업적에 대해 알아보아요.

교류 시스템의 발명과 발전

테슬라는 교류 발전기, 전동기, 변압기를 만들어 교류 시스템을 개발했어요. 교류 시스템의 안착으로 인류는 전기를 보다 효율적이고 편리하게 쓸 수 있게 되었지요. 1895년에는 교류 시스템을 적용한 세계 최초의 수력 발전소가 나이아가라 폭포에 건설되었어요.

에너지 무선 전송 연구의 선구자

테슬라는 미국 뉴욕에 워든클리프 타워를 건설했어요. 타워에서 엄청난 양의 전기를 만들어 무선으로 세계 곳곳에 전달한다는 계획을 세웠어요. 하지만 투자자들이 안전성을 이유로 투자 계획을 취소하면서 완성되기도 전에 폭파되고 말았어요.

상상을 뛰어넘는 발명왕

테슬라는 죽을 때까지 발명을 손에서 놓지 않았어요. 테슬라의 기발한 상상력으로 탄생한 발명품들은 훗날의 과학자들에게 많은 영감을 주었답니다.

테슬라는 무선 통신에 관심과 노력을 많이 기울였어요. 1898년에는 무선으로 조종하는 배를 만들어 사람들에게 선보였어요. 하지만 우리 생활에서 리모컨이 일상적으로 쓰이기 시작한 건 그로부터 50여 년 후랍니다.

테슬라는 무선으로 통신할 수 있는 라디오를 1894년에 최초로 실현시켰어요. 이탈리아 과학자 마르코니와 특허 다툼이 있었지만 결국 테슬라가 무선 통신의 아버지가 되었답니다.

테슬라 코일은 낮은 전압을 높은 전압으로 바꿀 수 있는 장치로, 수십에서 수백 만 볼트의 전압을 만들어 낼 수 있어요. 테슬라는 전선이 없이 전기를 보내기 위해 이 코일을 만들었지만 지금 전기 분야에서 쓰이지는 않아요. 행사 무대, 영화나 쇼 등에서 특수 효과를 줄 때 쓰인답니다.

세르비아 베오그라드에 있는 니콜라 테슬라 박물관에서 관람객들이 테슬라 코일을 이용한 실험을 하고 있어요.

마술사 데이비드 블레인이 테슬라 코일을 이용해서 묘기를 선보이고 있어요.

꿈이 이루어지는 세상

태호는 놀이터 앞에서 우진이가 오기를 기다렸어요. 저 멀리 우진이가 보이자 손을 흔들었어요. 둘은 아이스크림을 하나씩 사서 놀이터 한쪽에 앉았어요.

테슬라 발표를 한 뒤로 둘은 부쩍 자주 만났어요.

"우진아 있잖아, 테슬라가 늙어서는 무척 힘들었나 봐. 돈도 없어서 비스킷만 먹고, 뉴욕의 한 호텔에서 외롭게 살다가 죽었대. 늙은 테슬라에게 취미가 있었는데 뭔 줄 알아?"

"당연히 발명 아니야?"

우진이가 심드렁하게 말하자 태호가 고개를 저었어요.

"아니야, 바로 공원의 비둘기에게 모이를 주는 거였대. 저런 비둘기들 말이야. 비둘기들 중에서도 하얀 비둘기 한 마리를 특히 좋아했대."

태호가 손가락으로 가리킨 곳에 비둘기 떼가 바닥에 내려앉아 누군가 뿌린 모이를 먹고 있었어요.

그러자 우진이가 이해할 수 없다는 표정을 지었지요. 태호는 더 놀라운 이야기를 했어요.

"참, 전에 테슬라가 숫자 3에 집착했다고 했잖아. 집도 없이 호텔에서 머물 때 그 호텔 방 번호가 333호였대. 정말 생각할수록 특이한 사람 같아."

우진이가 이번에는 좀 걱정스러운 얼굴로 물었어요.

"테슬라는 발명품도 엄청 많았는데 왜 외롭고 힘들게 살았을까?"

"발명을 많이 하긴 했지만 테슬라가 살아 있던 때에는 사업으로 직접 연결이 되지 못했나 봐. 특허는 있지만 상품으로는 한참 뒤에야 만들어진 거지. 그러니까 테슬라가 얼마나 앞서간 과학자인지 알겠지?"

"응, 그렇겠구나. 그나저나 태호 넌 아직도 테슬라에 푹 빠져 있구나?"

우진이의 말에 태호가 슬쩍 미소를 짓고는 말을 이었어요.

"테슬라는 사람들이 무선으로 음악도 듣고, 전기도 마음

껏 사용하고, 뭐든 편리하게 생활하는 세상을 꿈꾼 것 같아. 그 당시에는 놀라운 일이었겠지만 지금은 너무나 당연하게 쓰고 있잖아. 테슬라는 나중에 이런 세상이 올 걸 알았을까?"

우진이가 태호 어깨를 툭 치며 말했어요.

"알았으니까 발명을 했겠지. 보지는 못했어도 상상은 했을 거야. 살아 있을 때 이런 모습을 보면 훨씬 더 좋았겠지만 말이야."

"그렇지, 원래 위대한 업적은 앞선 생각에서 나오잖아. 그래서 훗날의 사람들이 혜택을 보는 경우가 많은 것 같아. 테슬라도 마찬가지고."

태호의 말을 듣고 우진이가 놀려 댔어요.

"근데 너 오늘 왜 이렇게 진지해? 이제 테슬라한테서 그만 빠져나오시지? 나 질투 날 것 같거든."

태호가 쑥스러운 듯 바닥을 보며 말했어요.

"있잖아, 우진이 너랑 다시 이렇게 친해질 줄 몰랐어. 나도 너랑 같이 놀고 싶을 때가 있는데, 넌 항상 다른 애들이랑 있으니까……."

그러자 우진이가 물러서며 말했어요.

"너 오늘 나 오글거리게 하려고 작정했냐? 갑자기 왜 이래?"

태호가 우진이를 보며 웃으며 말했어요.

"나랑 같은 모둠 해 줘서 고마워. 솔직히 처음에 아무도 나랑 모둠 안 하는 줄 알고 엄청 속상했거든.”

그러자 우진이가 넉살스럽게 말했어요.

“그러니까 이 형님한테 잘하란 말이야. 공부 좀 못한다고 구박하지 말고.”

“뭐, 형님? 우진이 너보다 내가 하루 먼저 태어났거든!”

태호와 우진이는 누가 형님이고 누가 아우인지를 놓고 한참을 옥신각신했어요.

헤어질 때쯤 우진이가 태호에게 말했어요.

“태호야, 나도 고마워. 네 덕분에 멋진 과학자도 알게 됐고, 또 너랑 다시 친해지게 된 것도 좋고…….”

우진이의 낯선 모습에 태호가 놀랐어요. 무슨 말을 해야 할지 몰라 가만히 있자 우진이가 말을 이었어요.

“어느 때부터인가 태호 네가 바깥 놀이보다 책을 더 좋아하더라고. 그러면서 너랑 좀 멀어졌던 것 같아. 또 나랑은 비교도 안 되게 공부를 잘해서 거리감도 느껴졌고. 흠흠!”

태호가 부끄러운 듯 씨익 웃으며 말했어요.

“우진이 너야말로 오글거리게 왜 이래?”

하지만 우진이는 진지한 얼굴을 바꾸지 않은 채, 발끝으로 바닥을 콩콩 차며 말했어요.

"그리고 미안했어. 발표 준비하는 거 돕지는 않고 뺀질거리기만 했잖아."

우진이가 분위기를 바꿔 보려는 듯 "얍!" 소리를 치며 자리에서 벌떡 일어났어요.

"태호야, 내일 하담이, 민준이랑 자전거 타기로 했는데, 너도 같이 탈래?"

태호는 우진이를 보고 손가락을 동그랗게 만들어 좋다는 신호를 보냈어요.

집으로 돌아가는 길, 태호가 놀이터 한쪽에 모여 있던 비둘기를 향해 두 팔을 크게 벌리고 뛰었어요. 비둘기들이 화들짝 놀라 푸드덕푸드덕 날아갔어요.

◎ 전자란 무엇일까?

세상의 모든 물체는 원자라는 아주아주 작은 알갱이로 이루어져 있어요. 그 원자를 쪼개면 전자와 원자핵이 나와요. 원자핵은 원자가 가운데에 있고, 전자가 원자핵의 둘레를 빠르게 돌고 있어요. 전자는 (−)전하를, 원자핵은 (+)전하를 띠고 있지요.

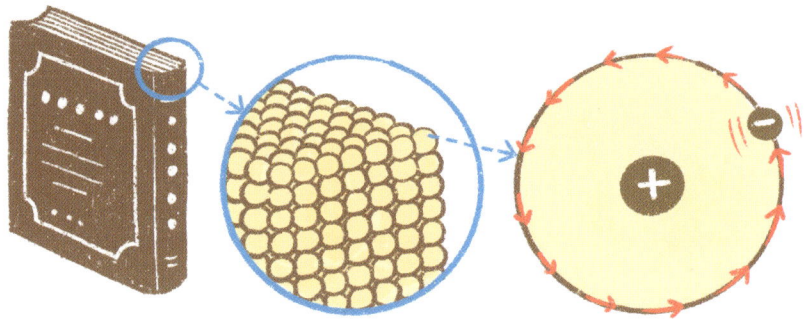

전하는 전기 현상을 일으키는 원인으로, 전하에는 (+)전하와 (−)전하 두 종류가 있어요. 전하를 띤 물체 사이에는 힘이 작용해요. 다른 종류의 전하를 띤 물체 사이에는 서로 끌어당기는 힘이 작용해요. 같은 종류의 전하를 띤 물체 사이에는 서로 밀어내는 힘이 작용하지요.

◎ 전기는 왜 생길까?

그렇다고 모든 물체가 언제나 전기를 띠지는 않아요. 우리가 흔히 사용하는 책, 가방, 필통, 컵 등은 보통 때에는 전기를 띠지 않아요. 평소에는 원자에 있는 (+)전하와 (-)전하의 양이 같기 때문이에요. 이처럼 (+)도 아니고 (-)도 아닌 상태를 전기적으로 중성이라고 해요.

하지만 두 물체를 서로 비비거나 부딪히게 하면 전자가 옮겨 가면서 전기가 생겨요. 만약 풍선으로 머리카락을 문지르면 움직임이 활발한 전자가 한 물체에서 다른 물체로 옮겨 가요. 이때 전자를 얻은 물체는 (-) 전하를, 전자를 잃은 물체는 (+) 전하를 띠어요. 그래서 비비거나 부딪혀 마찰한 물체들은 항상 서로 반대 전하를 띠게 되어 끌어당기는 힘이 생겨 달라붙는 것이지요. 이것을 '마찰 전기'라고 해요.

◎ 금속은 왜 전기를 잘 전달할까?

금속은 여러 물체 중에서도 특히 전기를 잘 전달해요.
금이나 은, 구리, 알루미늄 등 전기를 잘 전해 주는 물질을 '도체'라고 해요. 고무나 플라스틱, 종이, 나무, 유리 등 전기를 잘 전해 주지 못하는 물질을 '부도체'라고 불러요.

도체

부도체

금속이 전기를 잘 전하는 이유는, 금속 안에 '자유 전자'가 많기 때문이에요. 전자 중에는 원자핵에 붙들려 그 주변만 도는 전자도 있고, 원자핵에 묶여 있지 않고 자유롭게 이동할 수 있는 '자유 전자'가 있어요. 금속에는 자유 전자가 많아서 전기가 잘 통하는 것이지요.

전선을 잘 보면 구리로 만든 선을 고무나 에나멜이 감싸고 있어요. 구리 선은 전기가 잘 통하게 하는 역할을 하고, 전기가 잘 통하지 않는 고무 피복은 감전의 위험으로부터 우리를 보호하는 역할을 해요.

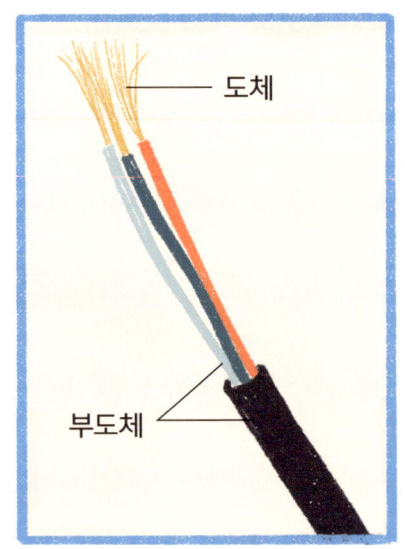

◎ 전자석이란 무엇일까?

전기와 자석은 닮은 점이 많아요. 전기에는 (-)극과 (+)극이 있고, 자석에는 N극과 S극이 있어요. 서로 같은 극은 밀어내고 다른 극끼리는 잡아당기는 성질이 있다는 것도 닮은 점이에요.

전기의 특성을 이용해서 자석으로 만든 것을 '전자석'이라고 해요. 전자석은 전류가 흐를 때에만 자석의 성질을 나타내요. 자석은 극이 정해져 있지만 전자석은 전류의 방향을 바꾸면 극의 방향이나 세기를 바꿀 수 있지요. 우리 주변에서도 전자석을 활용한 예들을 쉽게 찾아볼 수 있답니다.

기중기
전류가 흐르면 쇠붙이를 끌어당기고 전류를 끊으면 쇠붙이를 떼어내요.

선풍기
전자석의 성질을 이용한 전동기에 날개를 달아 회전을 시켜서 바람을 일으켜요.

스피커
전자석과 자석이 밀고 당기면서 얇은 진동판을 떨리게 해서 소리를 발생시켜요.

로봇 청소기
전자석과 자석 사이의 밀고 당기는 힘을 이용해 빠르게 회전을 해요.

◎ 전기를 어떻게 절약할까?

오늘날에는 가정에서 쓰는 전자 제품에서부터 공장의 기계, 산업의 여러 분야 등 전기를 쓰지 않는 곳이 없지요. 하지만 전기가 만들어져서 집까지 오는 과정에는 많은 비용과 노력이 들어요. 전기가 무한한 것이 아닌 만큼 전기를 절약하는 법을 잘 알고 실천하는 게 중요해요.

전기 기구가 꺼져 있어도 플러그가 꽂혀 있으면 전기가 흘러요. 이때 흐르는 전력을 대기 전력이라고 해요. 쓰지 않는 제품의 플러그를 뽑거나 대기 전력을 차단하는 멀티탭을 쓰는 것도 에너지를 아끼는 방법이에요.

가전제품에 붙어 있는 에너지 소비 효율 등급은 에너지 사용량을 등급으로 나누어 표시하는 라벨이에요. 1등급 제품은 5등급 제품보다 에너지가 30~40% 적게 들지요.

에어컨은 적정한 온도로 설정하고 선풍기를 함께 틀어 주는 게 에너지를 절약하는 데 많은 도움이 되어요. 겨울에는 옷을 따뜻하게 입고 난방 온도를 적당하게 유지하는 것도 전기를 아낄 수 있는 방법이에요.

큰 건물의 엘리베이터는 격층으로 운행하고 가까운 층수는 걸어 다녀요. 전기 에너지도 절약할 수 있을 뿐 아니라 건강에도 도움이 되지요.

◎ 전기를 안전하게 사용하려면?

전기는 우리 생활에 편리한 만큼 위험한 점도 많아요. 특히 감전 사고나 화재 등 큰 사고가 나지 않도록 주의해야 한답니다. 전기를 안전하게 사용하는 법을 알아보아요.

콘센트 주변이나 전기 제품에 물이 닿지 않도록 조심해야 해요. 또 젖은 손으로 플러그를 꽂는 것은 위험하니 절대로 해서는 안 돼요.

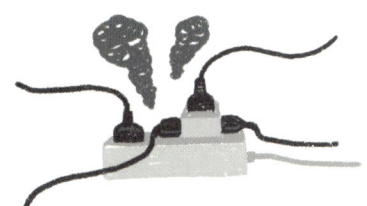

하나의 멀티탭에 여러 전기 제품을 한꺼번에 연결하여 사용하지 않아야 해요. 특히 전력 소비량이 많은 제품을 여러 개 연결해서 사용하면 과열로 불이 날 수 있어요.

안 쓰는 콘센트 구멍은 가리개로 막아 날카로운 물체가 들어가는 일이 없도록 해야 해요. 또 콘센트 구멍에 먼지가 들어가지 않도록 청소도 해 주어야 해요.

반려동물이 있다면 전선이나 케이블, 배터리를 물어뜯는 사고가 생기지 않도록 가리거나 치워야 해요.

감수자의 말

오늘날 우리가 편리한 생활을 할 수 있도록 도움을 주는 컴퓨터나 냉장고 같은 기기들은 대부분 전기를 이용하여 작동합니다. 석유를 이용하여 움직이던 자동차도 최근에는 전기를 이용하여 움직이기 시작했습니다. '테슬라'는 한 전기 자동차 회사의 이름으로 우리에게 많이 알려져 있기도 하지요.

니콜라 테슬라를 이야기할 때 빠지지 않고 등장하는 인물이 에디슨입니다. 에디슨은 실용적인 전구의 발명자로 잘 알려져 있지만 테슬라의 업적은 상대적으로 잘 알려져 있지 않습니다. 그 이유는 테슬라의 발명품들이 우리의 생활에 잘 드러나 보이지 않고, 일반인이 이해하기 어려운 교류 발전기나 교류를 이용하는 여러 장치이기 때문입니다. 하지만 현대 전기 문명은 테슬라의 발명을 통해 급격히 발전하였기 때문에 테슬라를 현대 전기 문명에 주춧돌을 놓은 인물이라고 평가할 수 있습니다.

테슬라의 발명품은 교류 발전기, 전동기, 무선 전력 송신 등 교류의 특성에 기반하고 있습니다. 교류를 이해하기 위해서는 전자기 유도 현상을 이해하여야 하는데 현재의 교육 과정에서는 고등학교 또는 대학교에 가서나 배우는 매우 어려운 이론입니다. 따라서 초등학생을 대상으로 전자기 유도라는 물리학 법칙을 이용하여 교류를 설명하고 이를 바탕으로 테슬라의 업적을 설명하는 것은 어려운 일입니다.

〈니콜라 테슬라, 전기에 날개를 달다〉에서는 '태호'와 '우진'이라는 두 학생의 발표 수업을 통해 테슬라의 생애와 그의 발명품인 교류 발전을 소개하고 있습니다. 처음에 티격태격하던 '태호'와 '우진'이는 결국 힘을 합쳐 테슬라 발표 수업을 무사히 마치고, 둘은 테슬라가 남긴 업적의 의미도 어렴풋하게 알게 되지요.

이미 설명한 것처럼 교류라는 개념을 초등학생에게 설명하는 것은 어려운 일이기 때문에 스토리텔링 방식으로 테슬라의 생애와 업적을 소개하는 것은 매우 적절한 전략이라 생각합니다. 이 책을 통해 니콜라 테슬라에 대해 흥미를 가지게 된다면 이후 교류, 더 나아가 전기에 대해 학습할 때 낯설지 않고 친숙하게 배울 수 있을 것이라 생각합니다.

니콜라 테슬라의 삶과 업적을 알고 싶어 하는 어린이, 그리고 순수한 열정으로 자신의 분야에 최선을 다하는 인물 이야기를 들려주고픈 학부모님께 이 책을 추천합니다.

서울 용산고등학교 물리 교사 고준태

20

니콜라 테슬라, 전기에 날개를 달다 학교도서관저널 추천

펴낸날 초판 1쇄 2022년 2월 10일 | 초판 6쇄 2025년 6월 5일

글 함지슬 | **그림** 박현주 | **감수** 고준태
편집 박주미 | **디자인** 김윤희 | **홍보마케팅** 이귀애 이민정 | **관리** 최지은 강민정
펴낸이 최진 | **펴낸곳** 천개의바람 | **등록** 제406-2011-000013호 | **주소** 서울시 영등포구 양평로 157, 1406호
전화 02-6953-5243(영업), 070-4837-0995(편집) | **팩스** 031-622-9413 | **도판** Shutterstock, wikimedia

ⓒ함지슬·박현주, 2022 | ISBN 979-11-6573-221-9 73560

* 이 책은 저작권법에 따라 보호받는 저작물이므로 무단전재와 무단복제를 금지하며,
  이 책 내용의 전부 또는 일부를 이용하려면 반드시 저작권자와 천개의바람의 서면 동의를 받아야 합니다.

* 잘못 만든 책은 구입하신 서점에서 바꾸어 드립니다. 천개의바람은 환경을 위해 콩기름 잉크를 사용합니다.
* 종이에 베이거나 긁히지 않도록 조심하세요. 책 모서리가 날카로우니 던지거나 떨어뜨리지 마세요.

제조자 천개의바람 **제조국** 대한민국 **사용연령** 10세 이상